LETTRE

D'UN ÉLECTEUR

A SON DÉPUTÉ

PAR

ERCKMANN-CHATRIAN

PRIX : 50 C.

PARIS

J. HETZEL ET C°, ÉDITEURS

18, RUE JACOB, 18

1873

LETTRE
D'UN ÉLECTEUR
A SON DÉPUTÉ

PAR

ERCKMANN-CHATRIAN

PARIS

J. HETZEL ET Cⁱᵉ, ÉDITEURS

18, RUE JACOB, 18

1873

ERCKMANN-CHATRIAN

ŒUVRES COMPLÈTES parues	ŒUVRES COMPLÈTES	ŒUVRES COMPLÈTES parues :
27 fr. BROCHÉES.	ROMANS NATIONAUX	**56** fr. CARTONNÉES.

Illustrés par Th. Schuler, Riou et Fuchs.

* LE CONSCRIT DE 1813..........	12 liv. réun. en une série de	1 40
* MADAME THÉRÈSE.............	11 — —	1 40
* L'INVASION...................	13 — —	1 60
* WATERLOO....................	15 — —	1 80
* L'HOMME DU PEUPLE..........	15 — —	1 70
* LA GUERRE....................	12 — —	1 40
* LE BLOCUS....................	13 — —	1 60

Un très-beau volume grand in-8° illustré de 182 dessins.

Broché, 10 fr.; toile, tr. dor., 15 fr.; relié, tr. dor., 15 fr.

CONTES ET ROMANS POPULAIRES

Illustrés par Bayard, Benett, Gluck et Th. Schuler.

* MAITRE DANIEL ROCK..........	10 liv. réun. en une série de	1 20
* L'ILLUSTRE DOCTEUR MATHEUS..	10 — —	1 40
* HUGUES LE LOUP..............	11 — —	1 40
* CONTES DES BORDS DU RHIN,...	10 — —	1 30
* JOUEUR DE CLARINETTE........	13 — —	1 60
* MAISON FORESTIÈRE...........	9 — —	1 20
* L'AMI FRITZ..................	12 — —	1 50
* LE JUIF POLONAIS.............	10 — —	1 30

Un très beau volume grand in-8° illustré de 171 dessins.

Broché, 10 fr.; toile, tr. dor., 15 fr.; relié, tr. dor., 15 fr.

*HISTOIRE D'UN PAYSAN

LA RÉVOLUTION FRANÇAISE RACONTÉE PAR UN PAYSAN. — Illustrations de Théophile SCHULER. L'ouvrage complet, en 1 vol. broché, 7 fr.; toile, tr. dor., 10 fr.; relié, 11 fr.

EN PRÉPARATION :

HISTOIRE D'UN SOUS-MAITRE

Les œuvres d'Erckmann-Chatrian sont publiées aussi en 20 vol in-18 à 3 fr. chacun. — Voir page 27.

LETTRE

D'UN ÉLECTEUR

A SON DÉPUTÉ

Monsieur le député,

Je m'appelle Jacques Briot ; c'est moi qui tiens
à ferme les biens de M. Novion, près de Passavent,
et je suis un des trente-cinq mille six cent qua-
rante-trois électeurs qui vous ont envoyé à Bor-
deaux, le 8 février 1871, pour arranger notre affaire avec Bismark.

C'était une vilaine affaire, surtout après l'occu-
pation des forts de Paris par les Allemands, car

ils pouvaient marcher alors sur toute la France, sans avoir rien à craindre derrière eux.

Nous avons pensé, dans ce temps-là, qu'il nous fallait des gens habiles et principalement d'honnêtes gens, car les coquins finissent toujours mal ; au lieu d'arranger les affaires, ils les embrouillent pour pêcher en eau trouble, et tôt ou tard on se repent de leur avoir accordé sa confiance.

Alors donc plusieurs ont jeté les yeux sur vous, pensant qu'un vieil avoué rempli de bon sens devait s'entendre à ces choses. Vous êtes venu chez nous, vous nous avez dit que vous étiez républicain, « que la République seule pouvait nous sauver. »

Cela m'a fait plaisir, ainsi qu'à beaucoup d'autres, parce que nous étions las depuis longtemps de sacrifier notre argent et nos fils pour soutenir l'orgueil de trois familles, dont la mauvaise conduite ne nous a jamais attiré que des révolutions, des guerres terribles et de grands malheurs.

Nous voulions tous la paix; le travail, l'instruction, la liberté et la justice ; c'est pourquoi nous vous avons donné chacun notre voix, et vous êtes parti pour nous représenter, moyennant vingt francs par jour, chose convenable, car lorsqu'on représente les intérêts des autres, qu'on emploie son talent, son savoir et son expérience à leur service, il est juste d'être payé raisonnablement : chaque peine mérite son salaire.

Vous avez fait votre possible là-bas pour amener à bien notre affaire ; malheureusement il paraît que tout votre talent et vos connaissances n'ont pu bonifier les choses, puisque vous avez été forcé de sacrifier deux de nos meilleures provinces et cinq mille millions pour obtenir la paix, en laissant trente-six de nos départements en gage entre les mains de Bismark et de l'empereur Guillaume.

C'était, comme on dit, un procès perdu sur toute la ligne, avec le principal, les intérêts et les frais.

Enfin nous ne vous en voulions pas, vous aviez employé tous vos moyens sans réussir ; c'était triste, malheureux, et malgré nos pertes, si vous étiez revenu tranquillement, personne ne vous aurait fait le moindre reproche.

Mais, au lieu de cela, vous êtes resté en place : vous avez déclaré que cette place vous convenait beaucoup ; que vous vouliez arranger le restant de nos affaires comme le commencement, enfin que vous étiez *souverain !*

Souverain de quoi, monsieur le député, je vous le demande. Souverain des gens qui vous ont nommé, qui vous payent pour les représenter à la Chambre ?... Allons donc ! Celui que je paye n'est pas mon souverain, c'est mon commis et rien de plus !

Je vous avoue que cette manière d'agir m'a paru

louche tout de suite ; et depuis, votre conduite à Versailles n'a fait que grandir ma défiance de jour en jour.

Je comprends très-bien que des jeunes gens qui s'appellent le comte de Champignon ou le marquis de la Pétaudière, pleins de vanité parce que leur grand grand-père a surveillé les écuries de Louis XIV, ou que leur arrière-grand'mère a dansé la berrichonne avec Henri IV, je comprends très-bien que ces jeunes gens, auxquels on a dit qu'ils étaient de noble race et que les rejetons de noble race savent tout sans en avoir rien appris, pourvu qu'ils s'entendent à dresser un cheval, à lancer un cerf, à faire le joli cœur dans un salon ; je comprends que ces messieurs crient, parlent haut, disent des sottises sur les finances, sur le commerce, sur l'industrie, sur l'administration, sur la politique et tout ce qui se présente ; cela rentre dans les droits de leur naissance ; s'il en était autrement, les gens raisonnables en seraient bien étonnés !...

Mais ce que je ne comprends pas, c'est que vous, le fils de Jean-Pierre, qui dans le temps étiez si convenable dans votre cabinet, quand on vous apportait une petite affaire ; qui saluiez la pratique plutôt deux fois qu'une ; qui la reconduisiez jusqu'au bas de l'escalier, en lui serrant la main et répétant : « Monsieur Briot, comptez sur mon zèle ; je n'oublierai rien pour vous satisfaire. J'ai l'honneur de vous saluer, monsieur Briot. »

Ce que je ne peux pas comprendre, c'est qu'un homme grave tel que vous, dans une assemblée que toutes les nations regardent, parce qu'elle représente la France, vous, monsieur le député, vous alliez crier comme dans un cabaret, chaque fois qu'on parle de la République, et que vous tapiez sur votre pupitre avec un couteau à papier, en riant jusqu'aux oreilles, en faisant la bête, de manière à déshonorer notre pays aux yeux des étrangers qui sont là, dans les tribunes, et qui naturellement se figurent que nous sommes tous aussi dépourvus de sens que vous,

puisque nous vous avons choisi pour nous représenter.

C'est une conduite abominable ! Vous n'avez
pas le droit de nous représenter ainsi ; c'est un
mensonge, cela nous dégoûte, et je proteste d'a-
bord pour ma part. Et puis cela nous est très-nui-
sible. Si vous montriez seulement toujours le
simple bon sens que nous avons, nous autres paysans, nos jeunes seigneurs se respecteraient aussi
davantage, j'en suis sûr ; ils n'auraient pas si
bonne opinion de leur suffisance, ils compren-
draient un peu mieux ce que leur disait M. Thiers :
« qu'il faut d'abord que la tâche soit à la
hauteur de leurs capacités, avant de renverser
la République. » Et nous aussi nous aurions plus
de confiance dans l'avenir, nous travaillerions avec
plus de calme, plus de courage, pour être en état
de payer nos milliards aux échéances et de déli-
vrer notre territoire des ennemis.

Mais tenez, parlons franchement, vous le faites
exprès ; vous voulez nous dégoûter de la Répu-

blique, — vous, que nous avons nommé député, parce que vous nous aviez donné votre parole d'honneur que vous étiez républicain !

Et savez-vous ce que je soupçonne? Je soupçonne que vous faites cela pour plaire aux monarchistes ; que vous n'avez jamais été ni républicain ni quoi que ce soit ; que vous n'avez jamais consulté que vos intérêts, et que vous croyez maintenant avoir intérêt à soutenir Chambord, parce que vous espérez voir ce gros monsieur proclamé roi, par un tour d'escamotage comme celui de 1830, où l'on a vu des députés, nommés pour faire des lois sous Charles X, prendre sous leur bonnet le droit de proclamer Louis-Philippe roi des Français. Vous espérez sans doute attraper une bonne place sous ce gouvernement, en récompense de votre zèle à taper sur votre pupitre ?

Mon Dieu, beaucoup d'autres ont deviné ce que signifient vos grimaces ; tout le monde dit que vous n'avez pas d'autres moyens de vous distin-

guer, et que c'est votre intérêt qui vous pousse à
ces tristes contorsions.

Eh bien ! monsieur le député, moi je suis franc,
et je ne vous cache pas que si vous cherchez vos
intérêts, nous cherchons aussi les nôtres.

Et 1° si nous ne voulons pas de Chambord, c'est
que Chambord veut dire pour nous le gouvernement de la noblesse et des jésuites, le rétablisse-
ment des priviléges du moine et du seigneur, la
dîme, les châteaux, les couvents, les paysans at-
tachés à la glèbe ; et puis la guerre contre l'Italie,
pour rétablir le pape avec son immaculée Conception, son infaillibilité et son *Syllabus*. — Voilà ce
que signifie pour nous Chambord ou Henri V.

Tout de suite, ces gens-là, s'ils étaient maîtres,
crieraient : « Il faut relever le prestige du dra-
peau... En route pour l'Italie ! » Reste à savoir si
les Italiens seraient battus, car ils ont une solide
armée maintenant ; ils ont des généraux qui va-

lent peut-être bien les nôtres ; ils ont un roi qui ne ressemble pas à Bonaparte ; ils ont une chambre qui s'entend à conduire les affaires ; ils ont horreur des jésuites, et se défendraient solidement.

Et, d'un autre côté, reste à savoir si les Prussiens laisseraient écraser leur allié de 1866 ; s'ils ne profiteraient pas de l'occasion pour nous tomber sur le flanc, marcher sur Paris, enlever la Champagne, et nous imposer cette fois 10 milliards, car l'empereur Guillaume, bon protestant, n'a pas l'amour du pape et ne respecte pas le *Syllabus*, et Bismark, lui, ne pense qu'à la grandeur, à la richesse, à la force de la Prusse.

Ce serait donc une guerre de religion que les jésuites nous mettraient sur les bras, pour sauver leur boutique, la plus épouvantable des guerres, la guerre des Cévennes, la guerre de Trente-Ans, sans pitié, sans miséricorde : les villages qui brûlent par centaines ; les femmes et les enfants qui se sauvent en chemise dans la nuit ; les paysans

qui pendent en grappes à tous les arbres ; et puis,
après tout cela, des files de masures noires sur
toutes les routes, et quatre ou cinq habitants par
hameau, survivant au massacre, pour repeupler le
pays ! Et alors il pourrait arriver ce que des Allemands nous prédisent depuis vingt ans : la sépa-
ration du nord et du midi de la France, une France
en quatre ou cinq morceaux : un petit royaume
autour de Paris, grand comme un jardin, avec un
petit roi légitime, pour y cultiver les fleurs de lis ;
un royaume d'Aquitaine ; un grand-duché de Bre-
tagne ; une capitale à Toulouse ; une autre à
Lyon... Mais M. de Chambord aurait fait son salut,
comme son grand-père Charles X, et les jésuites
lui donneraient l'absolution.

Vous voyez bien, monsieur le député, qu'à
moins d'être des brutes, les paysans ne doivent
pas adorer Henri V.

Et 2° Bonaparte.

Bonaparte, c'est le gouvernement des aventuriers, des mouchards, des tripoteurs de bourse, des femmes de mauvaise vie, des paniers percés criblés de dettes, poursuivis par cinquante créanciers et condamnés à faire fortune du jour au lendemain par un coup d'audace, ou bien à se pendre. Ceux-là risquent tout, la déportation et les galères; ils ne reculent devant rien pour réussir. Quand on leur fait grâce à Strasbourg, ils recommencent à Boulogne, et puis à Paris. Une fois en place, ils jouissent grandement, largement. Aux dépens de qui? Naturellement aux dépens de ceux qui travaillent. Les milliards de dettes commencent à s'entasser régulièrement; personne ne s'inquiète de savoir qui les payera plus tard; et, au bout de trois ou quatre ans, ces mêmes individus qu'on a vus dans la crotte ont chevaux, carrosses, maîtresses, propriétés de toute sorte; ils font tous florès; et quand on leur parle de filouterie, de coquinerie, de violation de serment, de fusillades, ils vous rient au nez.

Mais le quart d'heure de Rabelais arrive :

On déclare la guerre entre deux coups de bourse ; les armes manquent, les munitions manquent ; les soldats meurent de faim, on les rend par cent mille à la fois ; la révolution du dégoût éclate ; les paysans sont volés, pillés, rançonnés, fusillés par les Prussiens ; les bourgeois sont bombardés ; Paris se défend longtemps, il est forcé de se rendre par la famine. Les anciens mouchards et les souteneurs de filles, devenus capitaines et colonels dans l'armée de la Commune, mettent le feu aux quatre coins de la ville : tous les édifices où se trouvaient des papiers compromettants pour Bonaparte flambent comme des allumettes !... Il faut céder des provinces ; il faut payer 5 milliards aux Allemands pour les frais de guerre, sans parler des milliards d'indemnités à l'intérieur. Le danger passé, les bonapartistes reviennent ; ils s'étaient mis hors de la bagarre ; personne ne les arrête ; ils regardent effrontément et disent :

« Vous avez ruiné le pays, vous êtes cause de tous les malheurs. Pendant que nous étions en

Angleterre, en Suisse, en Italie, vous avez cédé l'Alsace et la Lorraine ; vous avez eu tort, il fallait les garder et les milliards aussi. Cet imbécile de peuple n'a de confiance qu'en nous ; ôtez-vous de là ; nous sommes élus par le suffrage universel ; nous allons vous resauver, comme la première fois ! »

Voilà le gouvernement de la famille Bonaparte ! Il nous a déjà valu trois invasions, trois capitulations de Paris, la perte de la rive gauche du Rhin et de toutes les conquêtes de la première République ; celle de nos plus belles colonies ; la ruine, l'abâtardissement de nos populations et l'anéantissement de notre marine pour trente ans. Je ne parle pas de l'Alsace et de la Lorraine, de l'honneur perdu, des milliards et de tout le reste. Cela s'est passé hier !...

Et maintenant parlons des d'Orléans.

Qu'est-ce que le gouvernement des d'Orléans ? C'est le gouvernement de ceux qui ne reconnaissent pas aux gens d'autres capacités que celle des écus. Avez-vous des écus, n'importe comment? vous avez la capacité d'être électeur, éligible, membre du conseil général, du conseil d'arrondissement, du conseil municipal. Vous êtes un savant homme, un homme digne de tous respects, ou d'un grand respect, ou d'un certain respect, selon le nombre de vos écus ! N'avez-vous pas d'argent? vous n'êtes bon à rien; vous n'êtes capable de rien; vous êtes impropre à toutes les places, sauf à celle de manœuvre, d'ouvrier de fabrique ou de journalier dans les champs. Le gros bourgeois qui vous emploie a toujours raison contre vous; la déposition du serviteur contre son maître et de l'ouvrier contre son patron n'est pas reçue en justice : *le maître est cru sur parole*, il a de l'argent ! Gagnez de l'argent, enrichissez-vous et l'on vous croira. *Dans ce gouvernement les choses sont tout et l'homme n'est rien !* Tel est, en deux mots, le système des d'Orléans, qui nous a précipités par ses injustices dans la révolution de 1848 ; et puis, par ses intrigues pour empêcher la République de se fonder, dans les journées de juin ; et puis, par la complicité de ses chefs avec Louis Bonaparte, dans les abominations du 2 décembre et dans tous les malheurs que nous voyons aujourd'hui.

Chambord, c'est le gendarme du pape, le bedeau de l'immaculée Conception et du *Syllabus ;* Bonaparte, c'est le loup qui rôde autour du troupeau, en guettant l'occasion de faire du carnage ; les d'Orléans sont les renards qui se glissent dans la ferme par la porte de derrière !...

Et voilà, monsieur le député, voilà ce que vos mauvaises gazettes nous représentent comme notre salut, à nous, vieux paysans de France, qui tenons à conserver nos biens, à vivre honnêtement, à élever et faire instruire nos enfants, sans craindre d'être envahis et ruinés du jour au lendemain, par la faute d'un coquin ou d'un imbécile, qui déclare la guerre comme on prend une prise de tabac.

Vous nous proposez des êtres de cet acabit, pour

gouverner notre pays à la place du papa Thiers, que nous avons choisi dans vingt-sept départements, au moment le plus difficile, et qui, seul, a plus travaillé, plus étudié, plus écrit de beaux livres, plus prononcé de discours savants, plus rendu de services à la France, et montré plus de bon sens, d'honnêteté, de talent et de courage, que tous vos royalistes ensemble.

Non! non!... Nous ne sommes plus aussi bêtes que vous croyez; nous avons profité des dernières leçons, et nos dernières élections pour les conseils municipaux, pour les conseils généraux et pour la Chambre vous le prouvent; sans parler des adresses qui arrivent à Versailles par milliers, de toutes les communes de France, pour encourager le Président dans sa bonne politique.

Tout cela vous montre que la République marche, qu'elle jette de profondes racines en province, et voilà justement pourquoi vous êtes si pressé de conspirer contre elle et de répandre le bruit que c'est un simple essai de gouvernement, en attendant celui de Chambord, de d'Aumale, ou de Bonaparte; lequel des trois? vous n'en savez rien vous-même, car si par malheur la République venait à succomber, le lendemain de sa chute, légitimistes, orléanistes et bonapartistes se disputeraient, les armes à la main, l'exploitation de la France, et de Lille à Marseille notre malheureux pays ne serait qu'un champ de bataille ! — Votre ami, M. Bathie, cet ancien démagogue devenu jésuite, a bien raison d'appeler cela « un gouvernement de combat !... »

Et le bruit court aussi que notre armée tient pour Bonaparte, pour d'Aumale, pour Chambord, comme si notre armée n'était pas avant tout française, et comme si ce n'était pas autre chose, pour un vrai soldat, d'être le soutien de la loi, le défenseur de sa patrie, ou le mercenaire d'un roi quelconque.

On dit que les conspirateurs monarchistes comptent sur l'armée pour faire leur coup. Eh bien, écoutez ce que je vous annonce, monsieur le député, c'est une nouvelle qui vous réjouira : Tous ceux de notre village, moi le premier en tête, nous venons d'écrire à nos fils, qui sont, les uns dans l'infanterie, les autres dans la cavalerie, de n'obéir qu'aux ordres du président de la République, et de tirer à bout portant sur tous les conspirateurs qui essayeraient de les entraîner contre la loi ! C'est ainsi que Louis Bonaparte s'est présenté à Strasbourg ; et dans ce temps-là, si quelque brave garçon avait passé sa baïonnette dans le ventre du bandit, il nous aurait conservé l'Alsace et la Lorraine, en nous sauvant de toutes les hontes et de tous les malheurs que nous avons éprouvés depuis.

Ah ! monsieur le député, songez qu'il ne s'agit pas seulement de vos intérêts particuliers, mais qu'il s'agit du salut de la France. Songez que nous avons des ennemis puissants, campés sur notre territoire, et qui n'attendent que l'occasion de nous anéantir ; songez que c'est une infamie de se préférer soi-même à la patrie, surtout quand cette patrie s'appelle la France, le pays des grandes idées, des élans généreux, des principes sublimes; songez que celui qui met son petit égoïsme en balance avec la vie de ce grand peuple, mérite d'être exécré de tous les siècles!

Rappelez-vous, monsieur le député, que nos pères représentaient la France sous la figure d'un Hercule appuyé sur ses enfants, et que, par vos divisions, par vos intrigues, par vos conspirations royalistes, où chacun voit d'avance ce qu'il aura, sans penser au salut du pays, vous troublez la nation, vous détruisez la confiance, vous arrêtez le commerce, vous préparez la guerre civile, enfin vous nous déshonorez aux yeux de l'Europe!... Rappelez-vous ces choses, et peut-être alors aurez vous la pudeur de vous retirer, et de venir rendre compte de vos actes, aux électeurs qui vous ont envoyé à la Chambre pour y faire leurs affaires et non les vôtres.

Mais si cela ne suffit pas, si vous poussez le mépris de la justice et l'abus de votre mandat jus-

qu'à vouloir rester en place, malgré la volonté
formelle de vos électeurs ; s'il vous faut d'autres
considérations pour vous faire comprendre l'im-
prudence de votre conduite, eh bien ! figurez-vous
seulement une minute que la partie des conspirateurs monarchistes a été jouée *et perdue*, comme
elle le sera certainement s'ils la jouent, — car
M. Thiers est un honnête homme ; il fera son de-
voir contre les révolutionnaires de sacristie, comme
il l'a fait contre la Commune, et toute la nation sera
là pour le soutenir au besoin ! — Figurez-vous donc
qu'au lieu d'être à taper sur leurs pupitres, à remuer
leurs pieds, à crier comme des aveugles, quand le
président parle «du gouvernement légal du pays»,
ces messieurs sont assis devant le 5ᵉ ou le 6ᵉ conseil
de guerre républicain, en train de les juger mili-
tairement, tandis que les chefs de file, qui, selon
leur habitude, ont eu soin de s'éclipser, les regardent de loin et disent : « Décidément, le métier
de conspirateur devient dangereux... le gouvernement de la République ne plaisante pas! » Figurez-vous cela... Ce sont des réflexions salutaires,

pour les ambitieux qui mettent une place de sénateur ou de pair de France au-dessus de l'indépendance et de la grandeur de la patrie...

Je vous salue, monsieur, avec le respect dû à votre patriotisme et à votre manière de remplir le mandat que nous vous avions confié. Vous serez récompensé aux élections prochaines ! On ne nous trompera plus avec des professions de foi hypocrites, croyez-le bien ; nous choisirons pour nous représenter à Paris, d'honnêtes gens, incapables de manquer à leur parole ; et comme votre conduite nous a rendus défiants, nous aurons soin, avant de leur donner nos voix, de leur faire prendre l'engagement d'organiser, toute affaire cessante, ce que nous voulons, nous, — *le peuple souverain*, — c'est-à-dire une bonne République honnête et progressive, avec un enseignement, des lois, une administration, une armée et une justice républicaines.   JACQUES BRIOT.

Paris.—Imp. Gauthier-Villars, quai des Gr.-Augustins, 55.—.1111-72.

COLLECTION J. HETZEL & Cie

HISTOIRE, POÉSIE, VOYAGES, ROMANS, LITTÉRATURE
FRANÇAISE ET ÉTRANGÈRE

Volumes in-18 à 3 francs

vol.

AUDEVAL. Les Demi-Dots... 1
— La Dernière............ 1
BAIGNIÈRES. Histoires modernes................. 1
— Histoires anciennes..... 1
BIART (Lucien). Le Bizco.. 1
— La Terre chaude........ 1
— La Terre tempérée...... 1
— Bénito Vasquez........ 1
— Pile et Face........... 1
CHAMFORT (Édition Stahl).. 1
COLOMBEY. Esprit des Voleurs................. 1
DAUDET (Alp.). Petit chose. 1
— Lettres de mon Moulin. 1
DOMENECH. Chaussée des Géants.............. 1
— Voyage en Irlande..... 1
DROZ (G.). Monsieur, Madame et Bébé........ 1
— Entre nous............ 1
— Le Cahier bleu........ 1
— Autour d'une Source.... 1
— Un Paq. de lettres (1 fr.; sur papier vergé, 3 fr.). 1
DURANDE (A.) Les Vernet.. 1
ERCKMANN-CHATRIAN. Blocus................ 1
— Joueur de Clarinette... 1
— Contes de la Montagne.. 1
— Contes des bords du Rhin. 1
— Contes Populaires..... 1
— Le Fou Yégof (l'Invasion). 1
— Waterloo............. 1
— Histoire d'un Conscrit de 1813................ 1
— Histoire d'un Paysan.... 4
— Homme du peuple...... 1
— La Guerre............ 1
— L'Illustre Dr Mathéus... 1
— Madame Thérèse...... 1
— La Maison forestière... 1
— Maître Daniel Rock.... 1
ESQUIROS (A.) Vie anglaise. 5
FAVRE (Jules). Bâtonnat... 1
GENEVRAY. Cause secrète... 1
GOZLAN (L.). P. Marasquin... 1
GRAMONT Gentilshommes pauvres.............. 1
— Gentilshommes riches... 1
JANIN, (J.) Le neveu de Rameau................ 1
— Variétés littéraires 1
LAVALLÉE (T.). Jean-sans-Peur.................. 1
— Les frontièr. de la France. 1
MALOT (H.) Les Amants... 1
— Un Beau-Frère........ 1
— Romain Kalbris........ 1

MORALE UNIVERSELLE :
Esprit des Allemands.... 1
— Anglais... 1
— Espagnols..... 1
— Grecs........ 1
— Italiens....... 1
— Latins........ 1
— Orientaux. ... 1
MÜLLER. La Mionette...... 1
OLIVIER (J.). Le Batelier de Clarens.............. 2
— Le Pré aux noisettes.... 1
PICHAT (L.). Gaston........ 1
— Les Poëtes de combat.. 1
— Secret de Polichinelle... 1
PRINCESSE PALATINE. Lettres. 1
PROUDHON. La Guerre et la Paix (2 vol. à 3 fr. 50) 2
QUATRELLES. Voyage autour du grand Monde........ 1
RIVE (de la). M. de Cavour. 1
ROBERT. Roman comique... 1
ROQUEPLAN (N.). Parisine... 1
SAND (G.) Autour d'un village 1
STAHL (P.-J.). LES BONNES FORTUNES PARISIENNES :
— Amours d'un Pierrot.... 1
— Amours d'un Notaire ... 1
— Homme enrhumé....... 1
— Voyage d'un étudiant... 1
— Morale familière....... 1
TEXIER et KÆMPFEN. Paris. 1
TOURGUÉNEFF. Dimitri Roudine................. 1
— Fumée (p. de MÉRIMÉE). 1
— Nichée de gentilshommes. 1
— Nouvelles Moscovites... 1
W. COLLINS. Femme en blanc................. 2
— Sans Nom............. 2

OUVRAGES EN DÉPOT :

ANONYME. Mary Briant.... 1
ARAGO (E.). Bleus et Blancs. 2
ARGIS (J.-d'). Six Mariages. 1
BASTIDE (A.). Christianisme. 1
BERCHÈRE. L'Isthme de Suez. 1
BUSBAUD. Jacquet-Jacques. 1
CARTERON. Voyage en Algérie................. 1
CHAUFFOUR. Réformateurs.. 2
DEVIC. Roman d'Antar..... 1
DOLLFUS. Confession de Madeleine................ 1
DUVERNET. Me Desrieux..... 1
FAVIER (F.) Un Misanthrope. 1
FERVEL. Nice et Alpes-Maritimes................. 1

FLAVIO. Chemins de traverse. 1
FOS (M. de). Cercles de feu. 1
GOURNOT. Essais sur la jeunesse.................. 1
GRENIER. Poëmes dramatiques.................. 1
HABENECK (C.) Théâtre espagnol................. 1
HUET (F.). Bordas Demoulin 1
LANCRET. Fausses Passions. 1
LAVALLEY (G.). Aurélien... 1
LAVERDANT (D.) Don Juan. 1
— Renaissances de D. Juan. 2
LEFÈVRE (A.) Flûte de Pan.. 1
— La Lyre intime......... 1
— Bucoliques de Virgile... 1
LEZAACK (Dr). Eaux de Spa. 1
MENDÈS (Catulle). Philoméla. 1
NAGRIEN. Prod. découverte. 1
POUJARD'HIEU. Chemins de fer 1
— Liberté, intérêts matériels................. 1
RÉAL (Antony). Les Atomes. 1
SIMONIN. Pays lointains.... 1
STEEL. Hadma:........... 1
VALOIS. Papier perdu...... 1
VALLORY (Mme). Algérie.... 1
WORMS DE ROMILLY. Horace. 1

Vol. in-18 à 2 fr.

BERTHET (A.). Mes Lunes... 1
DECOURCELLE. Formules du Dr Grégoire............ 1
GUIMET (E.). Orient d'Europe. 1

Édition Elzevirienne.

Œuvre poétique de VICTOR HUGO

10 charmants volumes in-18 raisin, imprimés par Jouaust, sur papier vergé de Hollande, fabriqué exprès par Van Gelder, d'Amsterdam. Ornements du texte dessinés par E. FROMENT.

Prix des 10 vol. 57 fr. 50 c.

Chaque vol. se vend séparément.

Sous presse :

THÉATRE COMPLET
DE VICTOR HUGO.
Édition elzevirienne.

Paris. — Imp. GAUTHIER-VILLARS, 55, quai des Grands-Augustins.